05/2022

DIRITTO ALL'OBLIO
SULLE TRACCE DEI NOSTRI DATI

JOSELITA MOLTISANTI

A CHI È VITTIMA DI
OGNI ATTO DI
ABUSO, VIOLENZA E
MALTRATTAMENTO

Sommario

I diritti fondamentali e il processo di consapevolezza del sé 3
Dal Diritto alla privacy al Diritto all'Oblio e le nuove tecnologie ..9
Autrice 28

I diritti fondamentali e il processo di consapevolezza del sé

Quando i bambini e i giovani, che subivano violenza da anni, videro le prime pubblicità di Telefono Azzurro alla televisione, poterono trovare un loro alleato segreto contro gli abusi e le violenze subite.

Quanti bambini e giovani trovarono dentro quella pubblicità una luce, anche per loro, che potesse aiutarli nel faticoso cammino di piccoli e giovani pellegrini, già affaticati e molto provati, in cerca di vie di uscita da un incubo che li tormentava.

Forse non tutti questi bambini e giovani hanno mai chiamato Telefono Azzurro, ma sono stati aiutati, indirettamente dalla Stessa, a sopravvivere tra tante angosce, sensi di colpa, e soprattutto tanto senso di impotenza e di responsabilità attribuita a sé stessi.

Fu importante perché trovarono riscontro, finalmente, della possibilità che quello che avevano vissuto, aveva un nome preciso. Si chiamava *abuso e violenza ad un minore* e capirono che quanto gli accadeva non era loro responsabilità e che c'era qualcuno che si occupava di loro, che esisteva per loro e a loro favore.

Chi sa quanti ebbero modo di poter confermare in loro, il tenue pensiero, incerto e molto combattuto, che non fosse colpa loro, che fossero loro le vittime di soggetti carnefici senza rispetto della loro vita. Non erano loro che dovevano vergognarsi di quanto gli era accaduto, ma altri, coloro che avevano imposto loro tali abusi e violenze, che dovevano essere chiaramente individuati come i responsabili di atti contrari al rispetto della persona.

Telefono azzurro nacque nel 1987 e le prime pubblicità in televisione sicuramente furono trasmesse a seguire da questa data.

Da questo breve racconto del vissuto di bambini e giovani degli anni '90, possiamo annotare alcuni elementi:

l'importanza per il soggetto abusato di venire a conoscenza che:

1. Esiste qualcuno, nello specifico un'Associazione nazionale, che parla e difende quelli come lui;
2. Esiste qualcuno, nello specifico un'Associazione nazionale, che lo aiuta a dare un nome corretto a ciò che vive e che gli indica a chi rivolgersi in situazioni simili, offrendogli la possibilità di avviare o confermare possibili riorganizzazioni mentali ed emotive dell'evento traumatico ed offrendo anche un soggetto a cui rivolgersi per la sua difesa.

Adesso, penso alle giovani vittime del cyberbullismo, ma anche del bullismo nel mondo *reale*, penso a chi, già piccolo, identificato come il diverso tra i compagni di classe, di scuola, di comitiva, viene lasciato ai margini di ogni aggregazione dei pari ed umiliato, leso nella sua dignità e identità in evoluzione, svergognato anche entro i confini immateriali e immensi della rete internet, di complicata gestione.

Le conseguenze di atti aggressivi intenzionali, entro una relazione sbilanciata di potere, ancor più tramite tecnologie di comunicazioni avanzate e diffuse proprie del web 2.5, sono di varia entità ed espresse in vissuti depressivi, ansiosi, di forte impotenza, finanche di ideazione suicidaria.

La violenza subita, diffusa nel web, offerta alla visibilità di chiunque in ogni parte della terra, conduce il soggetto, giovane, ma anche adulto, a sperimentare, soprattutto, un senso di impotenza e di vergogna senza possibilità di soluzione, invadente, profonda e disarmante, generando uno sconforto a volte troppo pressante e impossibile da essere tollerato, con conseguenze estreme.

Cosa può rappresentare la Carta dei Diritti Fondamentali dell'Uomo?

Cosa possono rappresentare le leggi sulla Protezione dei diritti fondamentali dell'uomo?

Perché è importante capirne il valore?

Quale contributo può dare il Diritto all'Oblio nelle situazioni di lesione alla dignità umana, all'identità personale?

La **Carta dei Diritti dell'uomo** e le relative leggi di **Protezione dei diritti fondamentali** possono svolgere due funzioni fondamentali, anche in termini preventivi, nella costruzione del sé dei bambini e dei giovani in particolare, ma anche nella vita di adulti in difficoltà:

1. Assicurare il profondo valore che ha ciascuno, tanto da essere portatore di diritti fondamentali inviolabili, ineludibili.
2. Offrire la possibilità di non restare sopraffatti dal senso di impotenza, di vergogna, di umiliazione grazie alle leggi a difesa e protezione dei diritti fondamentali dell'uomo.

Quindi, non solo è importante riconoscersi soggetti portatori di diritti fondamentali, ma, essendo questi inviolabili, sapere di avere accesso a strumenti adeguati a propria difesa.

Nelle *carte dei diritti fondamentali dell'uomo* ognuno di noi si può specchiare, riconoscendosi come persona di grandissimo valore. Ognuno può arricchire e consolidare il proprio sé, sviluppando una consapevolezza, nei diritti riconosciuti, difesi e protetti, di chi si è in relazione ai contesti di convivenza civile, sociali, politici, economici, espansi e sperduti spesso nella rete internet del web 2.5, in cui viviamo e dove insieme moltiplichiamo i dati prodotti attraverso le nuove tecnologie.

Nelle leggi sulla difesa dei diritti fondamentali dell'uomo offriamo la possibilità di consolidare in ogni persona la sicurezza che non c'è motivo di subire abusi di ogni tipo a disprezzo dei nostri diritti fondamentali.

Quali sono questi diritti fondamentali e perché sono importanti?

Immaginiamo una società in cui la violenza alla donna sia giustificata, dove sia riconosciuto, anche solo di fatto, il diritto dell'uomo ad usare violenza sulla donna. Potremmo immaginare anche una società che permetta l'abuso e la violenza sui minori.

Immaginiamo adesso una società in cui si riconosca alla donna il diritto al rispetto della propria dignità e della propria libertà e dove non esiste il diritto di violenza dell'uomo sulla donna.

A differenza della prima società delineata, in quest'ultima società la donna avrebbe una maggiore possibilità di crescere con la consapevolezza di essere un soggetto umano che ha il diritto alla vita, ad una vita priva di violenza nei suoi riguardi, dove non ha più il dovere di subire violenza dall'uomo, dove avrà leggi a sua difesa per far rispettare i suoi diritti fondamentali. Avremo una donna certamente più sicura, più forte, più libera, che può camminare a testa alta, meno impaurita, che sa di non dovere subire più violenza, capace di difendersi.

Nel contesto europeo definire dei diritti fondamentali dell'uomo non solo va a qualificare e specificare i fondamenti degli stati democratici rispetto ai paesi totalitari, ma, se ben conosciuti e compresi da ogni cittadino, partecipa alla costruzione di identità personali solidamente fondati su questi diritti fondamentali, capaci di una solida autostima e della **capacità di attivarsi nella difesa di sé stessi, nonché nella gestione quotidiana degli stessi diritti**.

Un fatto è sapere che si deve subire, un fatto è non sapere se si deve per forza subire, un fatto è sapere bene che non si deve subire.

La **Carta europea dei diritti fondamentali** contiene gli ideali su cui si fonda l'**Unione europea**: i valori universali di **dignità umana, libertà, uguaglianza** e **solidarietà**, che hanno creato una zona di libertà, sicurezza e giustizia per i cittadini basata sulla democrazia e sullo stato di diritto.

La **Convenzione europea per la salvaguardia dei diritti umani e delle libertà fondamentali** (1950), **CEDU**, recepita anche dall'Italia nel 1995,

all'art 1 e seguenti recita:

Obbligo di rispettare i diritti umani
Le Alte Parti contraenti **riconoscono a ogni persona** sottoposta alla loro giurisdizione **i diritti e le libertà** enunciati nel Titolo primo della presente Convenzione.

Titolo I. Diritti e libertà
Articolo 2 - Diritto alla vita
Articolo 3 - Proibizione della tortura
Articolo 4 - Proibizione della schiavitù e del lavoro forzato
Articolo 5 - Diritto alla libertà e alla sicurezza
Articolo 6 - Diritto a un equo processo
Articolo 7 - Nulla poena sine lege
Articolo 8 - Diritto al rispetto della vita privata e familiare
Articolo 9 - Libertà di pensiero, di coscienza e di religione
Articolo 10 - Libertà di espressione
Articolo 11 - Libertà di riunione e di associazione
Articolo 12 - Diritto al matrimonio
Articolo 13 - Diritto a un ricorso effettivo
Articolo 14 - Divieto di discriminazione
Articolo 15 - Deroga in caso di stato d'urgenza
Articolo 16 - Restrizioni all'attività politica degli stranieri
Articolo 17 - Divieto dell'abuso di diritto
Articolo 18 - Limite all'applicazione delle restrizioni ai diritti

Fra tutti questi diritti, ce n'è uno nell'ambito del quale emerge il concetto di **riservatezza** declinato come **rispetto della propria vita privata e di quella della propria famiglia**, imposto, entro certe condizioni, anche all'autorità pubblica:

Articolo 8 - Diritto al rispetto della vita privata e familiare

1. Ogni persona ha diritto al rispetto della propria vita privata e familiare, del proprio domicilio e della propria corrispondenza.

2. Non può esservi ingerenza di una autorità pubblica nell'esercizio di tale diritto a meno che tale ingerenza sia prevista dalla legge e costituisca una misura che, in una società democratica, è necessaria alla sicurezza nazionale, alla pubblica sicurezza, al benessere economico del paese, alla difesa dell'ordine e alla prevenzione dei reati, alla protezione della salute o della morale, o alla protezione dei diritti e delle libertà altrui.

Perché è particolarmente importante questo diritto?

La CEDU risale al 1950, appena 4 anni dopo la fine della seconda guerra mondiale, ed era forte la memoria di eventi come La notte dei Cristalli, nella quale esplosero attacchi organizzati e puntuali a sinagoghe, negozi e abitazioni di proprietà degli Ebrei, grazie alle informazioni archiviate, presso il Ministero degli Interni o la Camera di Commercio, per motivi diversi da quelli per cui i nazisti li usarono. È un evento gravissimo, che segnerà la memoria di tutti.

Dal Diritto alla privacy al Diritto all'Oblio e le nuove tecnologie

Oggi, quanti dati noi quotidianamente generiamo entro la rete internet del web 2.5?

*La quantità di **dati** che produciamo **ogni giorno** è davvero sbalorditiva.* Ci sono 2,5 quintilioni (10^{30}) di byte di **dati** creati **ogni giorno** al nostro ritmo attuale, ma tale ritmo sta solo accelerando con la crescita dell'Internet of Things (IoT). Solo negli ultimi due anni è stato **generato** il 90% dei **dati** nel mondo.[1]

Questo **Diritto alla riservatezza** che, nella sua evoluzione dal 1950 ai nostri giorni, è andato specificandosi nel **Diritto alla Protezione dei Dati Personali** che, a sua volta, ha sviluppato una sua possibile espressione nel **Diritto all'Oblio**, sotteso anche al **Diritto alla Dignità** e al **Diritto all'Identità Personale**, può aiutare chi in ogni atto di violenza e abuso vive un senso profondo di impotenza e vergogna.

Il problema è che più dati condividiamo nella rete, più la probabilità di incorrere in violazioni dei nostri diritti fondamentali aumenta.

In concomitanza, tanto più estesa, invasiva, evasiva, super veloce è la rete, tanto più complesso e difficile diventa espletare il compito di protezione dei nostri dati, e anche della nostra dignità e identità personale.

Secondo un'immagine non piacevole, ci potremmo trovare irretiti dal web 2.5, dove faticosamente qualcuno cerca di rompere per noi e con noi qualche maglia della rete per liberare e difendere i nostri diritti fondamentali.

Credo che in riferimento alla nostra relazione con la rete sia importante esplicitare alcune considerazioni:

---

[1] https://www.pandasecurity.com/it/mediacenter/famiglia/evoluzione-cyberbullismo-europa/

1. A mio modo di vedere, noi ancora oggi confondiamo l'approccio manuale alla tecnica, di cui sembrano sempre più esperti le nuove generazioni, con la dimensione di senso e di significato propri di ogni atto di vita, che la tecnica è in grado di veicolare senza competenza;

2. Man mano che cresciamo apprendiamo come relazionarci più profondamente con noi stessi e con gli altri, in contesti sempre più ampi. Con lo sviluppo di internet, i contesti di interazione, di espressione, di sviluppo si sono ampliati notevolmente e hanno assunto dimensioni non proprio tangibili, cui non eravamo abituati né nella fruizione tanto meno nel trasferimento e condivisione di esperienza con i più giovani. Chi, nel frattempo, ha capito di più di questo contesto dilatato e virtuale è in grado di sfruttare al meglio questo contesto, per i più disparati interessi, persino contrari al benessere degli altri e alla loro sicurezza fisica e psichica;

3. Non è detto che tutto debba essere vissuto sempre nel contesto dilatato di internet. Ci sono anche altri contesti di cui anzitutto gli adulti devono riappropriarsi accuratamente, piuttosto che lasciarsi trascinare dalla tecnologia galoppante e condizionante, pensiamo alla IoT, in termini di sicurezza ad ampio spettro a cui sembrano i primi non voler rinunciare.[2]

È fondamentale sapere che in Internet nulla viene dimenticato, è e rimane strettamente anonimo. Tutto viene conservato, per sempre, e se non facilmente, comunque viene incrociato con altri milioni e milioni di dati e diffuso in ogni parte del mondo grazie a sistemi evoluti di nuova tecnologia.

Spesso noi pensiamo ai social network, ai forum, ai blog, ai motori di ricerca, ai provider, all'emergente IoT, pensiamo alle reti cloud,

---

[2] CYBERSECURITY: IL LATO OSCURO DELL'INTERNET DELLE COSE | Corrado Giustozzi | TEDxCNR https://www.youtube.com/watch?v=IrauF74kGvo

localizzate in varie parti del mondo, con dati ridondanti per assicurare alta disponibilità dei servizi, bassa latenza e solidi backup.

La tecnologia, comunque va avanti, e a mio modo di vedere, ciò che di più esaltante attualmente esiste nell'orizzonte della scienza e della tecnica è una recente applicazione della fisica quantistica al mondo tecnologico, ossia il computer quantistico.[3]

Grazie al suo funzionamento di calcolo in parallelo quantistico il processamento dei dati è rapidissimo. In pochi minuti si sarebbe in grado di violare tutti gli attuali sistemi di crittografia. Ha la capacità, per similitudine, di ascoltare in parallelo, contemporaneamente, un milione di concerti di musica classica, seguendoli tutti, senza perdere una nota di nessuno di loro e senza confondere una sola nota del concerto per violini n 1 in do min di Bach con quelli della sinfonia n 9 di Beethoven e con quelli degli altri restanti milioni di concerti e sinfonie.

Cosa ci aspetta quando alla crescente mole di dati, immessi e circolante su internet, aggiungiamo dei processori estremamente veloci in grado di raccogliere, leggere, incrociare, interpretare i nostri dati, contemporaneamente, in soli pochi minuti?

Le domande attuali, però, sono altre:

Una volta immessi i dati in rete, dove si trovano? Chi li conserva? Come li conserva e li usa? Da dove li usa? A chi e a quanti arrivano? Chi gestisce i dati nella rete? Chi li vende e chi li compra e con quali finalità? In quali circostanze abbiamo immesso dati? A chi appartengono? e molte altre ancora.

L'orizzonte sempre più dilatato dei dati immessi e circolanti, ma anche delle dimensioni della rete, in estensione, spessore, trasparenza, mobilità e volatilità, rendono, quindi, complessi i processi a garanzia e protezione del dato personale e del diritto alla privacy.

---

[3] https://www.youtube.com/watch?v=h4E5xWdfy2M

Pensiamo anche solo, nella nostra vita quotidiana di comuni cittadini, quale e quanta libertà abbiamo di ricercare un volo in maniera riservata. Credo che abbiamo perso la riservatezza dei nostri spostamenti quotidiani da ormai decenni. Pensate ai sistemi di geolocalizzazione, spesso felicemente attivati da molti di noi nei propri smartphone.

Fermiamoci un attimo e pensiamo a quanti sanno i fatti nostri, senza frequentare i social network.

Solo qualche domanda: lo abbiamo chiesto? Lo volevamo? Non disturba nessuno essere chiamati a casa e al cellulare, continuamente, per pubblicità, cosiddetta appunto, non desiderata? Ci piacciono davvero tutte queste telefonate che ormai ci impediscono di rispondere serenamente ai cellulari per paura della pubblicità invadente e aggressiva?

Come mai abbiamo tutto questo? Abbiamo dato noi il permesso di accadere?

Prevalentemente sì, se escludiamo i casi di uso illecito dei nostri dati. Questo è l'altro aspetto del problema e dei diritti fondamentali dell'uomo.

C'è chi lotta per il riconoscimento dei diritti fondamentali dell'uomo e chi regala questo diritto agli altri privandosene, senza rendersene conto e sottostimando la questione delicata connessa a tali atti.

Ed è proprio in questo contesto che, storicamente rimane di grande valore la **Convenzione 108 del 1981 sul trattamento automatizzato dei dati e delle informazioni riferite ai cittadini**, che stabilisce, per la prima volta, che i dati devono essere trattati secondo le regole del consenso al trattamento stesso da parte dei cittadini e che non possono questi dati essere trasferiti e trattati nell'ambito di ordinamenti che non garantiscano la protezione dei dati personali. Con la 108 entra anche nell'ordinamento CEDU il principio non solo della tutela della riservatezza, ma della **tutela della riservatezza rispetto alle nuove tecnologie**, sebbene all'epoca i dati venivano conservati e archiviati attraverso supporti magnetici.

A seguire, rimane di grande valore anche la **direttiva di protezione dati**, 95/46, che nel 1995 l'Europa definisce e sottoscrive come direttiva di armonizzazione, che consente agli stati membri il permanere di leggi nazionali diverse fra loro, purché abbiamo tutte caratteristiche corrispondenti a quelle che la direttiva europea considera fondamentali, e che siano rispettate da tutte le leggi nazionali. La direttiva viene comunemente definita come *direttiva madre*.

A seguire,

il Regolamento **GDPR**, *General Data Protection Regulation*, UE 2016/679 che abroga completamente la vecchia Direttiva madre 95/46, madre di tutte le Leggi Privacy dei vari Stati Membri, tra cui anche la nostra Dlgs 196/2003, modificata con il nuovo Dlgs101, entrato in vigore il 19 Settembre 2018, e definisce:

- norme uniche per tutta l'UE
- condizione di parità per tutte le imprese UE
- norme adatte alla web-economy
- norme "scalabili" ed "adattabili" ai cambiamenti tecnologici ed ai futuri scenari economici.

In esso viene inserito il **Diritto all'oblio**, C(65)-C(66)-art 17, in termini assolutamente innovativi, lì dove, nel tempo, il Diritto alla privacy si è evoluto nel Diritto alla protezione dei dati personali, adattandosi all'evoluzione della rete internet e delle problematiche ad esso connesse.

Ancora una volta, è proprio con la nascita e lo sviluppo di Internet che si è posto il problema del **Diritto all'oblio**, cioè, secondo una prima definizione, di come tutelare l'interesse dell'individuo a che non vengano riproposte vicende ormai superate dal tempo; in altre parole, il diritto di essere dimenticato, a non essere più ricordato per fatti che in passato furono oggetto di cronaca.

Dal **GDPR** si legge:

*(65) Un interessato dovrebbe avere il diritto di ottenere la rettifica dei dati personali che lo riguardano e il «diritto all'oblio» se la conservazione di tali dati violi il presente regolamento o il diritto dell'Unione o degli Stati membri cui è soggetto il titolare del trattamento. In particolare, l'interessato dovrebbe avere il diritto di chiedere che siano cancellati e non più sottoposti a trattamento i propri dati personali che **non siano più necessari per le finalità per le quali sono stati raccolti o altrimenti trattati, quando abbia revocato il proprio consenso o si sia opposto al trattamento dei dati personali che lo riguardano o quando il trattamento dei suoi dati personali non sia altrimenti conforme al presente regolamento**. Tale diritto è in particolare rilevante se l'interessato ha prestato il proprio consenso quando era **minore**, e quindi non pienamente consapevole dei rischi derivanti dal trattamento, e vuole successivamente eliminare tale tipo di dati personali, in particolare da internet. **L'interessato dovrebbe poter esercitare tale diritto indipendentemente dal fatto che non sia più un minore**. Tuttavia, dovrebbe essere lecita l'ulteriore conservazione dei dati personali qualora sia necessaria per esercitare il diritto alla libertà di espressione e di informazione, per adempiere un obbligo legale, per eseguire un compito di interesse pubblico o nell'esercizio di pubblici poteri di cui è investito il titolare del trattamento, per motivi di interesse pubblico nel settore della sanità pubblica, a fini di archiviazione nel pubblico interesse, di ricerca scientifica o storica o a fini statistici, ovvero per accertare, esercitare o difendere un diritto in sede giudiziaria.*

(66) **Per rafforzare il «diritto all'oblio» nell'ambiente online, è opportuno che il diritto di cancellazione sia esteso in modo tale da obbligare il titolare** *del trattamento che ha pubblicato dati personali a* **informare** *i* **titolari del trattamento** *che trattano tali dati personali di* **cancellare qualsiasi link verso tali dati personali o copia o riproduzione di detti dati personali.** *Nel fare ciò, è opportuno che il titolare del trattamento adotti misure*

ragionevoli *tenendo conto della tecnologia disponibile e dei mezzi a disposizione del titolare del trattamento, comprese misure tecniche, per informare della richiesta dell'interessato i titolari del trattamento che trattano i dati personali.*

Articolo 17
Diritto alla cancellazione («diritto all'oblio») (C65, C66)

1. L'interessato ha il diritto di ottenere dal titolare del trattamento la cancellazione dei dati personali che lo riguardano senza ingiustificato ritardo e il titolare del trattamento ha l'obbligo di cancellare senza ingiustificato ritardo i dati personali, se sussiste uno dei motivi seguenti:

a) i dati personali non sono più necessari rispetto alle finalità per le quali sono stati raccolti o altrimenti trattati;

b) l'interessato revoca il consenso su cui si basa il trattamento conformemente all'articolo 6, paragrafo 1, lettera a), o all'articolo 9, paragrafo 2, lettera a), e se non sussiste altro fondamento giuridico per il trattamento;

c) l'interessato si oppone al trattamento ai sensi dell'articolo 21, paragrafo 1, e non sussiste alcun motivo legittimo prevalente per procedere al trattamento, oppure si oppone al trattamento ai sensi dell'articolo 21, paragrafo 2;

d) i dati personali sono stati trattati illecitamente;

e) i dati personali devono essere cancellati per adempiere un obbligo giuridico previsto dal diritto dell'Unione o dello Stato membro cui è soggetto il titolare del trattamento;

f) i dati personali sono stati raccolti relativamente all'offerta di servizi della società dell'informazione di cui all'articolo 8, paragrafo 1.

2. Il titolare del trattamento, se ha reso pubblici dati personali ed è obbligato, ai sensi del paragrafo 1, a cancellarli, tenendo conto della tecnologia disponibile e dei costi di attuazione adotta le misure ragionevoli, anche tecniche, per informare i titolari del trattamento che stanno trattando i dati personali della richiesta dell'interessato di cancellare qualsiasi link, copia o riproduzione dei suoi dati personali.

3. I paragrafi 1 e 2 non si applicano nella misura in cui il trattamento sia necessario:

a) per l'esercizio del diritto alla libertà di espressione e di informazione;

b) per l'adempimento di un obbligo giuridico che richieda il trattamento previsto dal diritto dell'Unione o dello Stato membro cui è soggetto il titolare del trattamento o per l'esecuzione di un compito svolto nel pubblico interesse oppure nell'esercizio di pubblici poteri di cui è investito il titolare del trattamento;

c) per motivi di interesse pubblico nel settore della sanità pubblica in conformità dell'articolo 9, paragrafo 2, lettere h) e i), e dell'articolo 9, paragrafo 3;

d) a fini di archiviazione nel pubblico interesse, di ricerca scientifica o storica o a fini statistici conformemente all'articolo 89, paragrafo 1, nella misura in cui il diritto di cui al paragrafo 1 rischi di rendere impossibile o di pregiudicare gravemente il conseguimento degli obiettivi di tale trattamento; o

e) per l'accertamento, l'esercizio o la difesa di un diritto in sede giudiziaria.

Nelle considerazioni C(65) e C(66), e ancor più nell'art 17 del DGPR, il diritto alla cancellazione, come già anticipato, trova la sua declinazione nel diritto all'oblio.

Nel Codice Privacy dell'Italia, anche dopo la revisione del 18-09-2018 e del 27-12-2019, rimane escluso un diretto riferimento al diritto all'oblio, ma permane la dichiarazione esplicita del diritto alla cancellazione.

Il diritto all'oblio rientra nell'ambito dei diritti della personalità e, pur avendo origine giurisprudenziale, è stato riconosciuto, per la prima volta, in Italia al comma 1 dell'articolo 11 *"Diritto all'oblio"* della Dichiarazione dei diritti di internet emanata nel 2015.

Il **diritto all'oblio** sancisce che:

- l'**interessato** può richiedere la cancellazione delle informazioni senza ingiustificato ritardo dal titolare
- il **titolare** deve cancellare questi senza ingiustificato ritardo

se sussistono le seguenti condizioni indicati al **comma 1**:

- i dati personali **non sono più necessari** rispetto alle finalità per le quali sono stati raccolti o trattati
- il titolare **revoca il consenso** al trattamento
- il titolare si **oppone al trattamento**
- i dati sono stati **trattati illecitamente**
- i dati devono essere cancellati per adempiere un **obbligo giuridico** a cui è soggetto il titolare del trattamento
- i dati personali sono stati raccolti relativamente all'offerta di servizi della società dell'informazione ai **minori**.

Al **comma 2** si specifica cosa e come il titolare del trattamento deve assolvere alla richiesta dell'interessato nel caso delle condizioni al comma 1:

- cancellare ogni **link, copia e riproduzione** dei dati personali
- considerando tutte le **tecnologie disponibili** e i **costi**, adottando **misure ragionevoli, anche tecniche**

Al **comma 3** si indicano le condizioni in cui tale diritto **NON può essere applicato:**

- quando il trattamento delle informazioni è reso necessario da:
  - il **diritto alla libertà di espressione e d'informazione**
  - la **necessità di archiviazione nel pubblico interesse, di ricerca scientifica o storica**
  - l'**adempimento di un obbligo legale** che richieda il trattamento previsto dal diritto dell'Unione o dello Stato membro cui è soggetto il titolare del trattamento
  - l'**esecuzione di un compito svolto nel pubblico interesse** da parte del titolare
  - l'**esercizio di pubblici poteri** di cui è investito il titolare del trattamento
  - l'**accertamento, l'esercizio o la difesa di un diritto in sede giudiziaria**

Il Diritto all'oblio, è un diritto che si presta, per intenderlo nella totalità del suo spessore, ad essere riferito anzitutto al diritto alla protezione dei dati e ai diritti alla dignità e alla identità personale.[4]

Esso non può essere risolto, tout court, nel diritto alla cancellazione.

---

[4] Il diritto all'identità personale indica proprio che ogni individuo ha **il diritto** di vedersi descritto esattamente così come è, senza inesattezze che ne stravolgano la personalità agli occhi del pubblico, lì dove l'**identità personale**, quindi, attiene alla proiezione del sé nel sociale. Invece il diritto alla dignità è riconosciuto, già nella Dichiarazione universale dei diritti dell'uomo del 1948, la base stessa dei diritti fondamentali.

L'esercizio del Diritto all'oblio è, nella normativa in evoluzione, di sentenza in sentenza, di provvedimento in provvedimento del Garante, risolto non solo e non sempre nella cancellazione del dato, ma anche nell'aggiornamento del dato, di cui sono ben definiti le proprietà e le finalità.

Diciamo che il diritto all'oblio è un diritto da molteplici interpretazioni in riferimento, soprattutto, al bilanciamento con altri diritti e con le nuove esigenze di mercato e ricerca che lavorano sui big data.

Nel tempo si è passati dal **concetto di riservatezza** tradizionalmente inteso quale diritto del soggetto di escludere altri, siano essi soggetti privati o pubblici, da tutto ciò che riguardasse la propria sfera di intimità, ad un concetto più ampio e più dinamico di riservatezza che ha trovato la sua massima espressione nel concetto di **protezione dei dati personali**.

In questo contesto l'esercizio del **diritto all'oblio** si esprime come il **diritto al controllo** sui propri dati, in termini di qualità (esatti, completi ed aggiornati art. 11 196/2003) e finalità (esplicite, pertinenti e non eccedenti nel loro uso art. 11 196/2003), trovando piena espressione del concetto di dignità, espresso nell'ambito dell'art. 2 196/2003, di identità personale, sempre corretta, evitando la diffusione di erronee informazioni dell'interessato.

Così il diritto alla Protezione dei dati si evolve ulteriormente passando da un **diritto passivamente vissuto**, ad un **diritto attivamente vissuto**, dove l'interessato si è evoluto nell'esercizio di accesso e di controllo dei propri dati, fino alla richiesta di aggiornamento e cancellazione degli stessi.

C'è da valutare anche un altro aspetto del diritto all'oblio. Esso si evidenzia in relazione al **diritto alla libertà di informazione e manifestazione del pensiero.**[5]

La giurisprudenza, già orientata a definire un limite al diritto di informazione e di manifestazione del pensiero sia in Italia che in Francia, prima della normativa europea, nel rispetto di notizie che fossero lesive a carico di situazioni giudiziarie tutelate, si è evoluta a contemplare il caso di notizie legittimamente pubblicate, ma di cui nel tempo si è perso l'interesse per il pubblico, tanto da non essere più giustificate e da essere legittimate all'esercizio del diritto all'oblio.

In merito si può ricordare il caso Hannover c. Germania, in occasione del quale *la Corte riconosce come detta libertà di stampa prevalga sul diritto al rispetto della vita privata solo nel caso in cui le informazioni riguardano personaggi politici nell'esercizio di loro funzioni ufficiali, e non anche quando contengono dettagli "della vita privata di una persona che, per di più, come nel caso di specie, non riveste tali funzioni"*... è necessario ad avviso dei giudici di Strasburgo fare riferimento ad un criterio di "speranza legittima" ("*espérance légitime*") di protezione e rispetto della vita privata, secondo cui ogni persona – sia essa celebre o meno – beneficia comunque della tutela apprestata dall'art. 8 della CEDU in tutti quei casi in cui poteva legittimamente credere al carattere privato del luogo in cui si trovava al momento del fatto lesivo. ... Il punto centrale e più rilevante della sentenza è indubbiamente quello in cui viene precisato con maggiore rigore la formula adottata dalla Corte in altre occasioni (v. sent. *Tammer* del 6.2.2001), secondo cui la pubblicazione di foto o di notizie su una persona non viola la sua vita privata, a condizione che queste notizie comunque contribuiscano alla promozione di un dibattito su "temi di interesse generale".

---

[5] Il caso del diritto d'autore, Franco Pizzetti, Giappichelli ,2013

La sentenza in commento, tuttavia, limita in maniera significativa l'area di prevalenza della libertà d'espressione, proprio allorché di essa si richiede un bilanciamento con "*la protezione della reputazione e dei diritti altrui*" ai sensi del comma secondo dell'art. 10 della Convenzione, alle sole tematiche relative a persone coinvolte nella vita politica e che rivestano cariche pubbliche, così finendo per adottare una nozione di "interesse generale" che sembra ridursi alla sola sfera politica.[6]

La digitalizzazione e pubblicazione nella rete di archivi di giornali, archivi storici, banche dati per finalità di ricerca e di studio ha sempre più favorito l'interpretazione del diritto alla protezione dati come tutela della riservatezza, perché i motori di ricerca con la indicizzazione delle pagine web finiscono per far emergere vecchie notizie, anche di giornali locali, decontestualizzate, non aggiornate, incomplete, che vanno a ledere la dignità e l'identità personale.

In merito c'è stato un ricorso nei confronti di Gruppo Editoriale L'Espresso S.p.A. accolto dal Garante con provvedimento n. 31 del 24 gennaio 2013 per la rimozione di una notizia recuperata da Archivi storici on line dei quotidiani mediante motori di ricerca esterni. Il caso è stato relativo ad un politico *in relazione alla pubblicazione nell'archivio storico on line del quotidiano "La Repubblica" - consultabile anche attraverso i motori di ricerca esterni al sito - di tre articoli pubblicati rispettivamente il 17 dicembre XX, il 25 gennaio ZZ e il 22 gennaio WW contenenti dati personali che lo riguardano riferiti ad una vicenda giudiziaria in cui il medesimo era stato coinvolto, ha chiesto (non avendo ottenuto dall'editore un idoneo riscontro) la*

---

[6]https://www.associazionedeicostituzionalisti.it/old_sites/sito_AIC_2003-2010/cronache/giurisprudenza_comunitaria/cedu_hannover/index.html

"rimozione" di tali articoli ovvero, in subordine, l'aggiornamento e quindi l'integrazione "delle notizie ivi riportate, con la doverosa precisazione del successivo, completo proscioglimento da ogni addebito penale ("perché il fatto non sussiste"); visto che il ricorrente ha poi chiesto di ordinare al titolare del trattamento l'adozione delle misure tecnologicamente necessarie al fine di rendere effettivamente inaccessibili tutti gli articoli in questione dai comuni motori di ricerca.[7]

Un altro caso fa riferimento a un atto del 2012 della Cassazione per una notizia relativa ad un personaggio pubblico indagato per corruzione, poi assolto, che rimase memorizzata in rete dal *Corriere della sera*, da qui il ricorso per vedere riconosciuto il diritto all'oblio che viene respinto sia dall'Autorità garante per la protezione dei dati personali che dal Tribunale di Milano in quanto non trattandosi di ripubblicazione della notizia non è configurabile il diritto all'oblio. Investita dalla questione la Cassazione afferma che "la notizia originariamente completa e vera diviene non aggiornata risultando quindi parziale e non esatta e pertanto non vera" quindi propone come soluzione non la cancellazione, ma la "contestualizzazione" e quindi l'aggiornamento da parte del titolare del sito con rifermento al diritto di rettifica.

La declinazione del diritto all'oblio risulta duplice:

- laddove dovesse venir meno l'interesse pubblico originario che rende la notizia ancora attuale, allora il dato attraverso il quale è possibile identificare il soggetto può essere cancellato,
- invece laddove l'interesse pubblico dovesse permanere la notizia in rete potrà essere contestualizzata ovvero aggiornata a tutela della proiezione dinamica dei dati personali.

---

[7] doc. web n. 2286820

Un caso particolarmente interessante, ripreso certamente al comma 2 del l'art.17, è il caso Google Spain vs. AEPD e Mario Costeja Gonzalez.[8]

La Corte di Giustizia si è pronunciata il 13 maggio 2014 con la sentenza n. 317 in seguito al ricorso di un cittadino spagnolo che aveva richiesto la rimozione, prima al gestore del sito e poi a Google, di alcuni dati personali pubblicati in poche righe del giornale "La Vanguardia Editiones SL" e da lui ritenuti non più attuali.

La Corte di Giustizia, per la prima volta, con questa sentenza ha riconosciuto il diritto all'oblio in base a quanto contenuto nella Direttiva 95/46/CE in materia di trattamento dei dati personali, concludendo *"l'attività di un motore di ricerca* consistente nel trovare informazioni pubblicate o inserite da terzi su Internet, nell'indicizzarle in modo automatico, nel memorizzarle temporaneamente e, infine, nel metterle a disposizione degli utenti di Internet secondo un determinato ordine di preferenza, deve essere **qualificata come «trattamento di dati personali»**" per la normativa sovranazionale. Determinando le finalità e gli strumenti del trattamento, il gestore del motore di ricerca è inevitabilmente **il responsabile del trattamento medesimo**, ai sensi della normativa europea.

Di conseguenza, è **il gestore del motore di ricerca che deve garantire il rispetto delle prescrizioni europee in materia di privacy**, stante l'importanza che la sua attività ha sulla vita privata delle persone. Del resto, osserva la Corte *"l'organizzazione e l'aggregazione delle informazioni pubblicate su Internet, realizzate dai motori di ricerca allo scopo di facilitare ai loro utenti l'accesso a dette informazioni, possono avere come effetto che tali utenti, quando la loro ricerca viene effettuata a partire dal nome di una persona fisica, ottengono attraverso l'elenco di risultati una visione complessiva

---

[8] https://www.iusinitinere.it/il-diritto-alloblio-in-seguito-alla-sentenza-google-spain-10001
https://brunosaetta.it/privacy/diritto-all-oblio-tra-corte-europea-e-google.html

strutturata delle informazioni relative a questa persona reperibili su Internet, che consente loro di stabilire un profilo più o meno dettagliato di quest'ultima.".

Quindi, le note veramente innovative di questa sentenza sono state:

- **il motore di ricerca può essere obbligato alla rimozione dei dati personali anche se i siti sorgente non li hanno rimossi**, come nel caso specifico. Secondo la Corte, quindi, il cittadino ha il diritto di chiedere la **rimozione dall'indice** di Google delle **informazioni** *inadeguate, non pertinenti o non più pertinenti ovvero eccessive in rapporto alle finalità per le quali sono stati trattati e al tempo trascorso*. E Google "*deve in tal caso procedere al debito esame della loro fondatezza e*, **eventualmente**, *porre fine al trattamento dei dati in questione*".

- Google, come motore di ricerca viene riconosciuto **titolare del trattamento dei dati** e quindi ritenuto **responsabile**, in quanto aveva l'obbligo di verificare che determinate **pagine riconducibili a fatti** particolari che non erano **più attuali non fossero** *indicizzate*.

In tale caso, inoltre, i **diritti della personalità** dell'individuo **hanno prevalso** sugli **interessi economici** del motore di ricerca e su quelli del pubblico alla conoscibilità della notizia.

L'art. 17 si trova anche all'incrocio non solo di diversi diritti, ma anche di un serio conflitto per approccio culturale e giuridico tra Europa e Stati Uniti. Nel contesto attuale, riferito alla rete del web 2.5, le questioni aperte in ordine alla protezione dei dati personali sono proprio due:

- la raccolta dei dati e il relativo trattamento;
- il controllo dei dati, fino alla richiesta di cancellazione, da parte dell'interessato.

Non a caso l'art 17 viene anche definito **The Right to be forgotten**.

In realtà il DGPR presenta anche una novità importante nell'art.3[9], dove aggiunge al tradizionale criterio di **stabilimento** (secondo il quale si applicano le leggi del luogo in cui avviene il trattamento) il nuovo principio per cui, anche quando il trattamento è effettuato da un titolare che ha lo stabilimento fuori del territorio dell'Unione, si applica comunque la normativa europea se il trattamento riguarda i residenti nell'Unione.

La seconda innovazione riguarda l'art.13[10] che stabilisce che il responsabile del trattamento comunica a ciascuno dei destinatari le

---

[9] **Articolo 3 Ambito di applicazione territoriale** 1. Il presente regolamento si applica al trattamento dei dati personali effettuato nell'ambito delle attività di uno stabilimento da parte di un titolare del trattamento o di un responsabile del REGOLAMENTO GENERALE SULLA PROTEZIONE DEI DATI Garante per la protezione dei dati personali trattamento nell'Unione, indipendentemente dal fatto che il trattamento sia effettuato o meno nell'Unione. (C22) 2. Il presente regolamento si applica al trattamento dei dati personali di interessati che si trovano nell'Unione, effettuato da un titolare del trattamento o da un responsabile del trattamento che non è stabilito nell'Unione, quando le attività di trattamento riguardano: (C23, C24) a) l'offerta di beni o la prestazione di servizi ai suddetti interessati nell'Unione, indipendentemente dall'obbligatorietà di un pagamento dell'interessato; oppure b) il monitoraggio del loro comportamento nella misura in cui tale comportamento ha luogo all'interno dell'Unione. 3. Il presente regolamento si applica al trattamento dei dati personali effettuato da un titolare del trattamento che non è stabilito nell'Unione, ma in un luogo soggetto al diritto di uno Stato membro in virtù del diritto internazionale pubblico. (C25) Articol

[10] **Articolo 13 Informazioni da fornire qualora i dati personali siano raccolti presso l'interessato** (C60-C62) 1. In caso di raccolta presso l'interessato di dati che lo riguardano, il titolare del trattamento fornisce all'interessato, nel momento in cui i dati personali sono ottenuti, le seguenti informazioni: a) l'identità e i dati di contatto del titolare del trattamento e, ove applicabile, del suo rappresentante; b) i dati di contatto del responsabile della protezione dei dati, ove applicabile; c) le finalità del trattamento cui sono destinati i dati personali nonché la base giuridica del trattamento; d) qualora il trattamento si basi sull'articolo 6, paragrafo 1, lettera f), i legittimi interessi perseguiti dal titolare del trattamento o da terzi; e) gli eventuali destinatari o le eventuali categorie di destinatari dei dati personali; f) ove applicabile, l'intenzione del titolare del trattamento di trasferire dati personali a un paese terzo o a un'organizzazione internazionale e l'esistenza o l'assenza di una decisione di adeguatezza della Commissione o, nel caso dei trasferimenti di cui all'articolo 46 o 47, o all'articolo 49, paragrafo 1, secondo comma, il riferimento alle garanzie appropriate o opportune e i mezzi per ottenere una copia di tali garanzie o il luogo dove sono state rese disponibili. 2. In aggiunta alle informazioni di cui al paragrafo 1, nel momento in cui i dati personali sono ottenuti, il titolare

eventuali rettifiche o cancellazioni, che in pratica impone a chi abbia trasferito ad altri i dati non solo di provvedere a cancellare quando l'interessato lo chiede, ma anche ad assicurare che tutti coloro ai quali lui li ha trasferiti vengano a conoscenza della richiesta di cancellazione.

A parte le suddette tensioni tra Europa e USA, l'art. 17 è stato, nelle considerazione C(65) riferito in particolare ai minori, che lasciando dati in rete, nei social network, nei blog e nei forum, spesso con eccessiva disinvoltura, possono trovarsi da adulti a voler cancellare, a voler dimenticare i dati immessi, esercitando il diritto all'oblio.

Il diritto all'oblio, **right to be forgotten,** rappresenta, quindi, anche la possibilità data ai minori, e a chiunque abbia subito un danno da un passato che non viene dimenticato in rete, di riscattarsi proprio perché magari si è cambiato vita, si hanno nuove possibilità e prospettive.

Internet è una perenne rimembranza degli eventi passati, e ciò può incidere negativamente sullo sviluppo umano e, con riferimento a fatti illeciti, va a anche confliggere con la funzione rieducativa della

---

del trattamento fornisce all'interessato le seguenti ulteriori informazioni necessarie per garantire un trattamento corretto e trasparente: a) il periodo di conservazione dei dati personali oppure, se non è possibile, i criteri utilizzati per determinare tale periodo; b) l'esistenza del diritto dell'interessato di chiedere al titolare del trattamento l'accesso ai dati personali e la rettifica o la cancellazione degli stessi o la limitazione del trattamento dei dati personali che lo riguardano o di opporsi al loro trattamento, oltre al diritto alla portabilità dei dati; c) qualora il trattamento sia basato sull'articolo 6, paragrafo 1, lettera a), oppure sull'articolo 9, paragrafo 2, lettera a), l'esistenza del diritto di revocare il consenso in qualsiasi momento senza pregiudicare la liceità del trattamento basata sul consenso prestato prima della revoca; d) il diritto di proporre reclamo a un'autorità di controllo; e) se la comunicazione di dati personali è un obbligo legale o contrattuale oppure un requisito necessario per la conclusione di un contratto, e se l'interessato ha l'obbligo di fornire i dati personali nonché le possibili conseguenze della mancata comunicazione di tali dati; f) l'esistenza di un processo decisionale automatizzato, compresa la profilazione di cui all'articolo 22, paragrafi 1 e 4, e, almeno in tali casi, informazioni significative sulla logica utilizzata, nonché l'importanza e le conseguenze previste di tale trattamento per l'interessato. 3. Qualora il titolare del trattamento intenda trattare ulteriormente i dati personali per una finalità diversa da quella per cui essi sono stati raccolti, prima di tale ulteriore trattamento fornisce REGOLAMENTO GENERALE SULLA PROTEZIONE DEI DATI Garante per la protezione dei dati personali all'interessato informazioni in merito a tale diversa finalità e ogni ulteriore informazione pertinente di cui al paragrafo 2. 4. I paragrafi 1, 2 e 3 non si applicano se e nella misura in cui l'interessato dispone già delle informazioni.

pena tesa al reinserimento del reo nella società. Il diritto all'oblio è, in questa prospettiva, il diritto a crescere e migliorare senza essere costretti a vedersi rinfacciato eternamente il proprio passato. Una persona che volesse redimersi da comportamenti sbagliati si troverebbe a doversi confrontare costantemente con quelle condotte riproposte in rete e impossibili da cancellare.

Il diritto all'oblio è, sostanzialmente, il diritto ad una seconda possibilità.

Per ultimo, si evidenza come la vera portata innovativa dell'articolo 17 riguarda anche i nuovi principi in materia di data protection: accountability; privacy by default e privacy by design.

Servono per alleggerire gli interessati e rafforzare la responsabilità (accountability) dei titolari del trattamento, attraverso un'attenzione preventiva alla data protection resa possibile da approcci del tipo privacy by default e privacy by design.

L'art.7 definisce infine le modalità di accesso e di uso al diritto alla cancellazione, diritto all'oblio.

L'interessato, qualora i dati non siano pertinenti, aggiornati, esatti e completi, può presentare un'istanza direttamente e in carta semplice al Titolare del trattamento dati chiedendone il loro aggiornamento ovvero la loro rettifica. In casi particolari, qualora che anche i dati siano conservati con modalità non conformi alla disciplina generale, può richiedere che possono essere cancellati o resi anonimi.

Se non riceve risposta dal Titolare del trattamento o non concorda con la risposta ricevuta, può rivolgersi al Garante secondo tre modalità: **ricorso, segnalazione e reclamo.**

L'interessato può rivolgersi al garante attraverso tre distinte modalità:

- **rivolgendo e depositando un ricorso**, nell'ipotesi in cui non abbia trovato soddisfazione la sua istanza di accesso per verificare le modalità con cui sono stati trattati i dati, che segue una apposita procedura ed è disciplinato nel dettaglio dal codice;
- oppure, **qualora non si voglia semplicemente o in maniera più dettagliata fare una istanza di accesso, ma anche fare una segnalazione al Garante** vi sono altri **due strumenti** meno puntuali, che tuttavia seguono un percorso ben disciplinato innanzi all'autorità che vanno sotto il nome di:
    - **reclamo** quando quest'ultimo può essere più circostanziato
    - oppure, quando mancano degli elementi circostanziati, l'interessato può rivolgere al garante una **segnalazione**.

Il garante può adottare provvedimenti prescrittivi, inibitori, di blocco o di divieto. A fronte delle istanze rivolte dal soggetto interessato che sono reclamo, segnalazione o ricorso, il garante avvia una attività istruttoria nei confronti del soggetto che tratta i dati.

Qualora la trattazione avviene in maniera non conforme alla legge, il provvedimento istruttorio si può concludere con dei provvedimenti particolarmente incisivi. Si tratta di una serie di poteri e di provvedimenti che vengono disciplinati dal codice nell'ambito dell'articolo 143 e 154 e che sinteticamente possiamo elencare come **provvedimenti di natura inibitoria**, dove il garante può invitare il titolare a modificare il dato non corretto, a cancellarlo oppure **provvedimenti più incisivi,** anche questi inibitori, ma più rilevanti, che possono essere **provvedimenti di blocco in via provvisoria o di divieto** laddove il garante vieta al soggetto che sta trattando i dati in modalità non conformi al codice di effettuare il trattamento.

Autrice

Dott.ssa Joselita Moltisanti

dott.ssa in Scienze e Tecniche Psicologiche per l'intervento clinico per persone, gruppi e istituzioni
Iscrizione Albo degli Psicologi della Regione Siciliana n° 0086 B
Laureanda alla specialistica in Processi Cognitivi e Tecnologie - Tecnologie di supporto clinico alla persona
Esperta in Disturbi Specifici dell'Apprendimento
Responsabile e Referente di progetti IAA, AAA
Esperta nella Relazione Persona Animale ed Educatrice cinofila

Dott.ssa Joselita Moltisanti

dott.ssa in Matematica
Information Technology Solution senior

www.ingramcontent.com/pod-product-compliance
Lightning Source LLC
Chambersburg PA
CBHW040303220526
45473CB00002B/571